旋转的地球 TOURNE LA TERRE GIRA LA TIERRA أرضُ يا دوري AROUND GOES THE EARTH

Elsa Valentin
Pascale Moutte-Baur

Tourne la Terre autour du Soleil

Gira la Tierra entorno al Sol

تدور الأرض حول الشمس

Around the Sun goes the Earth

地球绕着太阳转

月亮绕着地球转

Tourne la Lune autour de la Terre

Gira la Luna entorno a la Tierra

يدور القمر حول الأرض

Around the Earth goes the Moon

Around and around go heavenly bodies

所有的天体在旋转

Tournent les corps, célestes

Giran los cuerpos, celestiales

تدور الأجسام السماويّة

النساء والرجال والأطفال يدورون هنا وهناك

Around go women, men and children

男女老少在旋转

Tournent les femmes, les hommes, les enfants

Giran las mujeres, los hombres, los niños

Desde hace milliones de años, viajan por la Tierra

منذ ملايين السنين، يسافرون عبر الأرض

For millions of years, they have traveled the Earth

数百万年以來，他们在地球上旅行着

Depuis des millions d'années, ils voyagent sur la Terre

sur la Terre où tourne l'abeille • por la Tierra donde gira la abeja • على الأرض حيث تدور النحلة، • the Earth where bees go around • 在蜜蜂旋轉的地球上 •

在太阳下

in the sun

sous le soleil

تحت الشمس

bajo el sol

Some take small steps and think "The Earth is flat."

有些人仅走出一小步，就觉得："地球是平的。"

Certains marchent à petits pas et se disent : "La Terre est plate."

Algunos andan con pasitos, y se dicen : "La Tierra es plana."

ويقول البعض لنفسه: يسير بخطى صغيرة "الأرض مسطحة"

والبعض دار حولها بشكل كامل • Others have gone around • 另一些人已经绕着它走了一圈 • D'autres en ont fait tout le tour • Otros le han dado toda la vuelta

Certains passent sans rien piétiner • Algunos pasan sin pisotear nada • يمرّ بعضهم دون أن يطأ شيئاً • Some tread carefully when they pass by • 有些人走过这片土地没有任何践踏

• D'autres ont déjà tant gâché • Otros han desperdiciado ya tanto • بَيْنَما أَفسد فيها البعض بشكلٍ هائل • Others have already done so much harm • 另一些人却肆意糟蹋 •

地球对我来说,是神圣的

Terre, pour moi tu es sacrée

Tierra, para mi eres sagrada

أقدّسك يا أرضي

Hearth, for me you are sacred

Beneath the moon always round, however it may seem

在月亮之下永远圆的

Sous la lune toujours ronde, quoi qu'on en pense

Bajo la Luna siempre redonda, sea lo que pensemos

تحت القمر الدائم الاستدارة، مهما اعتقدنا غير ذلك،

النساء والرجال والأطفال يدورون هنا وهناك،

Around go children, women and men

男女老少在旋转

Tournent les enfants, les femmes, les hommes

Giran los niños, las mujeres, los hombres

Cuando les hago bailar

عندما أجعلهم يرقصون

When I make them dance

当我让他们跳舞时

Quand je les fais danser

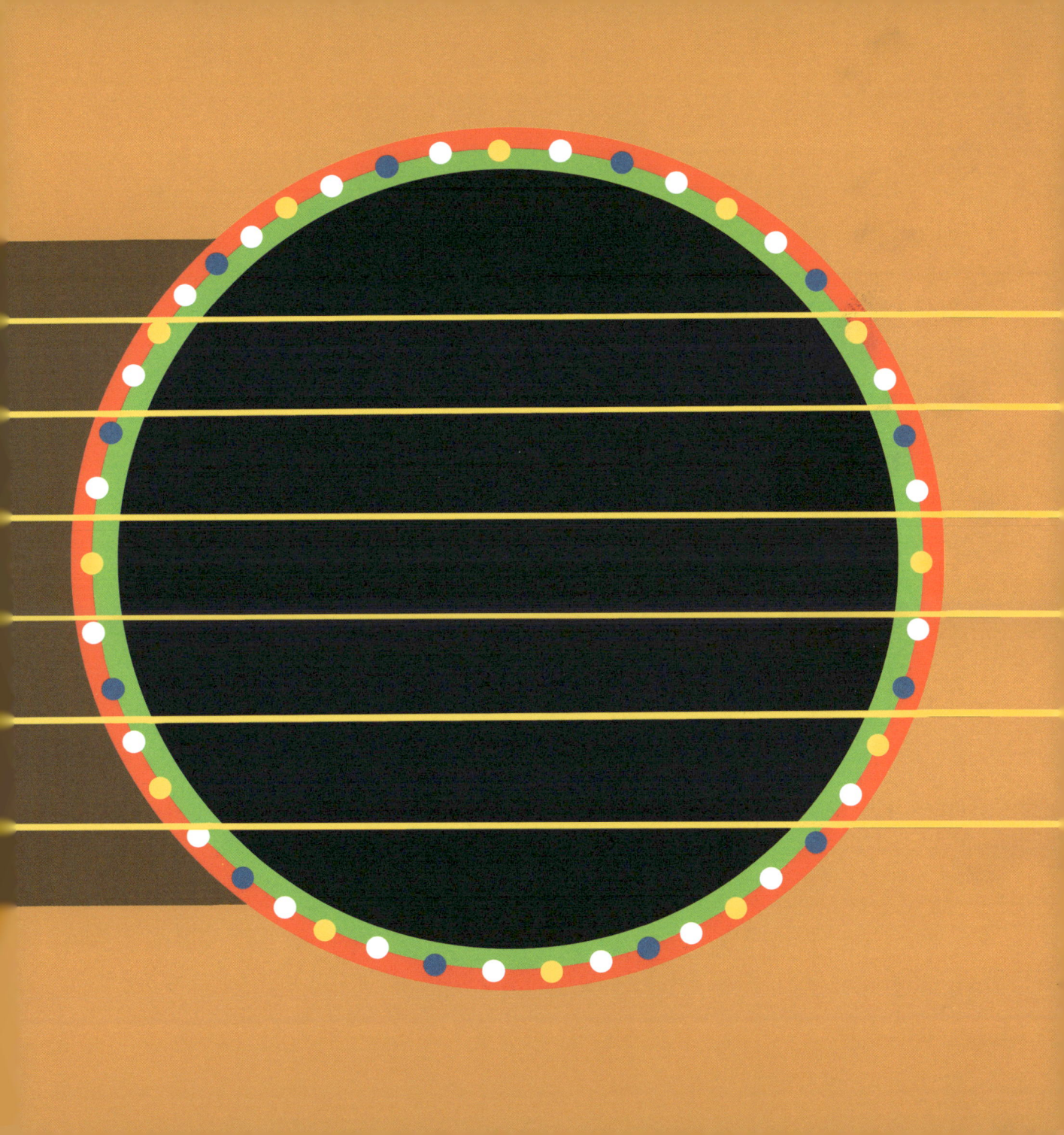

Bonjour la Lune ! Bonne nuit la Terre.

¡ Buenos días Luna ! Buenas noches Tierra !

你好,月亮!晚安,地球。

Hello Moon ! Good night Earth.

صباح الخير يا قمر! ليلة سعيدة يا أرض